DES VICES

DE LA

LÉGISLATION SPÉCIALE

PROPOSÉE PAR LE GOUVERNEMENT

POUR LES JOURNAUX

ET BROCHURES SEMI-PÉRIODIQUES.

IMPRIMERIE DE FAIN, PLACE DE L'ODÉON.

DES VICES

DE LA

LÉGISLATION SPÉCIALE

PROPOSÉE PAR LE GOUVERNEMENT

POUR LES JOURNAUX

ET BROCHURES SEMI-PÉRIODIQUES;

PAR M. LÉON THIESSÉ,

L'UN DES AUTEURS DES *LETTRES NORMANDES.*

« Les lois ne sont pas faites pour imposer
» un joug aux hommes. »
(Burlamaqui, *Droit naturel.*)

PARIS,

CHEZ FOULON ET COMP^{ie}., LIBRAIRES,

RUE DES FRANCS-BOURGEOIS-SAINT-MICHEL, N°. 3.
1819.

DES VICES

DE LA
LÉGISLATION SPÉCIALE

PROPOSÉE PAR LE GOUVERNEMENT

POUR LES JOURNAUX

ET BROCHURES SEMI-PÉRIODIQUES.

CHAPITRE PREMIER.

Idées générales.

JE crois pouvoir en débutant poser, comme un axiome , la proposition suivante : La France veut l'entière exécution de la charte. Les ennemis mêmes de la loi fondamentale sont tellement convaincus de l'évidence de ce principe, qu'ils lui rendent chaque jour hommage, et ne combattent ses conséquences que d'une manière détournée.

Il est reconnu que la France veut l'entière exécution de la charte ; et cependant la charte est non-seulement négligée dans quelques-unes de ses dispositions , elle est menacée chaque jour dans son existence. Depuis trois ans nous la possédons ; et à peine est-il un seul de ses principaux articles qui n'ait été l'objet d'une transgression quelconque. La charte garantit l'égalité devant la loi, et nous avons vu un ministre de la guerre accorder les dignités militaires aux seuls privilégiés : nous avons vu la plus grande partie des fonctions civiles occupée par l'ancienne noblesse. La charte garantit la liberté individuelle, et nous avons vu se multiplier les arrestations arbitraires et indéfinies sans jugement, les visites domiciliaires, les violations de l'asile des particuliers. La charte assure la liberté des cultes, et dans plusieurs départemens des temples protestans ont été fermés, des ministres assaillis dans leurs chaires, des offices troublés par une populace fanatique, des citoyens paisibles égorgés, traînés sur la claie parce qu'ils n'étaient pas catholiques romains. Aujourd'hui encore ces atrocités semblent sur le point de se renouveler. La charte reconnaît le droit que tous les citoyens ont d'être jugés par leur pairs, et nous avons eu des commissions militaires et des cours prévôtales. Elle garantit enfin la liberté de la presse , et cinq ans se sont passés sans que les Français aient pu publier un seul jour leurs opinions , à moins de courir des dangers qu'il n'a tenu qu'à la volonté des hommes de rendre plus grands encore. Notre législation sur cette matière est devenue un véritable piége dans lequel tous les écrivans , qui se sont dévoués au pénible ministère de dire la vérité , se sont vus à chaque ligne exposés de tomber.

Il est plus que temps qu'un tel régime cesse. C'est pour lui substituer un ordre de choses plus régulier et plus constitutionnel que le nouveau ministère , honoré déjà par plus d'un acte , a présenté à la chambre des députés trois projets de loi dans lesquels il s'est efforcé de garantir à la fois le pouvoir des abus de la liberté , et la liberté des envahissemens du pouvoir. Un projet spécial a été consacré aux *journaux et aux brochures semi-périodiques*. Ces propositions de loi exigeraient sans doute chacune un examen particulier ; il serait utile de savoir si les travaux du ministère remplissent le but qu'il s'est proposé ; si la spécification des délits dans le premier projet est suffisament directe et définie ; si le principe sur lequel on a établi toute l'économie de la loi, et qui consiste à reconnaître que la presse n'est qu'un instrument, a été respecté dans tous les articles ; si les peines dans le second projet sont appropriées à la nature des délits, et graduées selon leur gravité. Il serait utile de savoir si les députés de la nation doivent se contenter des promesses des ministres, relativement à la réforme du jury ; s'il est à propos d'affecter à ce jury seulement certains délits, et d'en renvoyer certains autres devant la police correctionnelle dont il semblerait que nous dussions être assez dégoûtés ; si la compétence en matière privée est fixée selon les règles de l'équité ; si enfin la fixation à neuf ans de la prescription de l'action civile, n'est pas exagérée au-delà de toute mesure. Le but que nous nous proposons dans cet écrit est seulement d'examiner le projet relatif aux *journaux et aux brochures semi-périodiques ;* et encore bornerons-nous nos observations à l'article premier, relatif au cautionnement en rentes que l'on voudrait exiger des propriétaires de ces sortes de publications.

On nous reprochera peut-être de nous occuper spécialement de la partie de la loi qui touche à nos intérêts. Nous ne répondrons qu'en acceptant ce reproche. Il nous semble qu'il serait étonnant que l'on nous blâmât de prendre en main la défense d'une cause qui est la nôtre. Il n'est pas plus étrange de nous voir repousser une mesure qui nous atteint dans notre propriété, qu'il ne l'est de voir un citoyen blessé dans sa fortune s'adresser aux tribunaux, et plaider lui-même. La situation où nous sommes est encore plus favorable que celle du particulier qui défend un interêt privé. La question que nous discutons n'est pas applicable à nous seuls, elle intéresse la liberté publique, elle dépend de la charte, et la charte dépend d'elle; et si le sentiment de notre utilité nous inspire des argumens victorieux, ceux que le gain de cette cause touche, et j'ose dire que c'est toute la France, devront nous applaudir d'un succès qui ne sera pas perdu pour leur liberté.

CHAPITRE II.

Le principe du cautionnement doit-il être admis?

L'ARTICLE PREMIER du projet de loi relatif aux journaux oblige les propriétaires de feuilles quotidiennes, ou semi-périodiques, à payer un cautionnement en rentes. Dans ce chapitre, j'examinerai seulement le principe. Les chapitres qui suivront seront consacrés à l'examen du taux et de la nature de ce cautionnement.

Jusqu'ici le cautionnement n'a été exigé que des citoyens auxquels l'autorité faisait une concession quelconque. Il était la condition de cette concession. Le prince a reçu de la constitution le pouvoir de nommer à un grand nombre d'emplois ; tout citoyen a droit d'être admis à ces fonctions, mais aucun n'a celui de les remplir avant d'y être admis. Si elles sont de nature à exiger une responsabilité pécuniaire ; si les hommes qui les remplissent sont dépositaires de deniers publics, ou de dépôts particuliers, le roi croit pouvoir mettre pour condition au choix qu'il fait, l'obligation de déposer une somme plus ou moins considérable. Il passe une espèce de contrat avec l'agent comptable ; il le nomme receveur des contributions, notaire, avoué, et celui-ci dépose un capital dont il reçoit l'intérêt. Cette manière de procéder a jusqu'ici paru juste. On a pu d'ailleurs pour la légitimer en faire l'objet d'une loi.

Rien de pareil ne peut être applicable aux journalistes.

Tous les citoyens sont admissibles aux emplois. Cela veut dire qu'il règne entre eux une égalité naturelle, et que le mérite seul doit les distinguer ; ils ont le droit d'être choisis, mais non pas celui d'exercer des emplois. Tous les citoyens, quoique égaux devant la loi, ne naissent pas de droit receveurs, notaires et avoués. Ils ne le deviennent que par suite d'une concession. Au contraire, tous les citoyens ont le droit de publier leurs opinions ; ils le possèdent dans toute son étendue, et s'ils ne naissent pas écrivains, du moins naissent-ils avec le droit d'écrire ; il n'est besoin d'aucune concession pour qu'ils en usent ; le prince ni les lois ne peuvent pas plus le leur permettre et le leur défendre, qu'ils ne leur permettent et leur défendent l'usage de la voix. Ce qui n'est pour l'exercice des emplois publics qu'une aptitude, est pour la liberté de la presse une faculté ; faculté indestructible, inattaquable, indépendante ; il s'ensuit qu'on ne peut y attacher aucune servitude, aucune restriction ; et le cautionnement est l'une et l'autre.

L'article premier de la charte assure à tous les citoyens l'égalité devant la loi. L'article 8 leur donne le droit de publier leurs opinions ; il résulte de la combinaison de ces deux dispositions que tous les citoyens ont non-seulement le droit de publier leurs opinions, mais qu'ils ont ce droit à un égal degré ; qu'il n'est pas plus conditionnel pour les uns que pour les autres. Si dans un autre article la charte porte que les électeurs devront payer 3oo francs d'impositions directes ; que les députés devront en payer mille, ces dispositions sont une exception de l'égalité des droits ; mais la charte ne statue rien de tel à l'égard des écrivains, elle ne les assujettit à aucune charge, elle consacre seulement la répression des abus qui peuvent résulter de la publication de la pensée. Tant qu'il n'y a point de publication faite, tant qu'elle n'est qu'en préparation, la loi interdit à l'autorité judiciaire ou administrative toute inquisition, toute mesure préventive. Telle est le texte de notre loi fondamentale.

La condition de fournir un cautionnement entraîne plusieurs conséquences à l'égard de l'écrivain. La première est qu'il doit être riche. Par elles tous les pauvres sont exclus du droit d'élever un journal. Première violation de la charte, article de l'égalité des droits.

La seconde conséquence est de soumettre les ouvrages à une loi préventive ; car sans doute on ne niera pas qu'exiger le dépôt préalable d'une somme, ce ne soit prendre une précaution *répressive* des délits *futurs*, au mépris des règles fondamentales et premières de toute justice ; puisque la loi ne doit jamais supposer qu'un citoyen a le dessein de commettre un délit ; puisque c'est un attentat à liberté de penser que de se livrer à une semblable supposition ; puisqu'il n'y aurait pas plus de ridicule ni de déraison à imposer d'avance toutes les facultés humaines, en commençant par celle du mouvement, attendu que toutes les facultés humaines sont de nature à s'exer-cer d'une manière hostile. Toutes mesures préventives sont d'ailleurs textuellement ré-prouvées par la charte. Seconde violation.

La troisième conséquence rentre dans la première; elle consiste en ce que la plus grande partie des écrivains ne pourra publier ses opinions, ou du moins les publier avec une entière liberté du choix de l'époque. Troi-sième violation, du même article 8, qui ac-corde à tous les citoyens le droit de publier leurs pensées, sans spécification du temps, du titre, ou de la forme des publications.

Il sera possible, je le sais, aux écrivains qui n'auront pas de capitaux suffisans, de s'ad-joindre des capitalistes, ou de se mettre aux gages de propriétaires de journaux. Mais cette faculté qui leur est laissée ne détruit pas le vice d'une mesure qui leur interdit une honorable industrie, et qui, au contraire, les réduit à n'être que l'instrument de l'indus-trie des autres. S'ils s'adjoignent des capita-listes, il faudra qu'ils leur tiennent compté du service de leurs capitaux. S'ils se mettent sous la main des propriétaires de journaux, il faudra qu'ils sèment pour ne pas récolter. On ne verra plus à la tête des feuilles publiques , ou des recueils semi-périodiques , que des usuriers ou des spéculateurs ; et les écrivains qui en feront le succès , qui se consacreront au pénible ministère d'instruire ou de combattre l'autorité, qui attireront sur eux toute l'animadversion de la tyrannie démasquée, ne recueilleront pour leur vieillesse que l'indigence s'ils disent la vérité , ou que l'avilissement s'ils se sont vendus pour vivre.

Si tous les écrivains n'ont pas le droit égal et également exercé de publier leurs opinions, il y aura des priviléges et un monopole ; ce qui, pour l'industrie , s'appelle concurrence, pour les travaux de l'esprit se nomme émulation. Cette passion noble et généreuse sera étouffée. Les journalistes enrôlés par corps , exerçant des maîtrises, formant des jurandes , pourront s'ils le veulent , et en s'entendant bien , s'accorder pour négliger les lecteurs. Leur nombre devenant borné , attendu les conditions énormes et difficiles que l'on exige d'eux , ils exerceront le monopole des réputations ; aujourd'hui la faveur des journaux est importante pour le succès des ouvrages ; la littérature, et toutes les autres branches des connaissances humaines peuvent ressentir une rude atteinte de l'influence exercée par les journaux, réduits au plus petit nombre. D'un autre côté, l'intérêt de la liberté sera gravement compromis. En effet, si par des mesures préventives, par l'imposition d'une responsabilité anticipée, on effraie la timidité habituelle de certains journalistes façonnés au silence, leurs feuilles se décolorant de plus en plus, finiront par ne plus contenir que d'insignifiantes nouvelles, que de ces articles mensongers dans lesquels la nation est sacrifiée au pouvoir ; à peine quelques écrivains courageux à froid oseront-ils laisser entrevoir l'ombre de la vérité, et la langue devenue pour ainsi dire hypocrite, ne sera plus qu'un moyen de dire sans dire, de blâmer sans blâmer, et de louer sans louer.

Mais ce n'est pas tout ; d'autres dangers non moins grands nous menacent encore. Les ministres, le prince, qui sont dépositaires de la fortune publique, auront mille moyens de faire des journaux tandis que les citoyens n'en auront aucun. Les feuilles ministérielles vont pulluler. Nous n'entendrons de toutes parts qu'un concert de louanges fades, de basses flatteries. Pour un journal ami des principes de la liberté, nous en entendrons dix vanter l'esclavage. S'il plaît au ministre de faire diffamer un citoyen, la seule voix qui pourra le venger sera étouffée par dix voix qui couvriront son faible murmure. On tâchera de tromper l'opinion publique, en étourdissant les oreilles des lecteurs. Qui doute même que le ministérialisme, prenant toutes les formes, ne se revête des couleurs patriotiques, qu'il ne se glisse des faux frères, dont l'enthousiasme simulé nuira plus à la liberté que ses ennemis ouverts?

Nous savons tous, par une expérience assez chèrement payée, que les plus grands ennemis de la France, du peuple et du roi constitutionnel, ce sont ces anciens privilégiés, dont l'ambition insatiable réclame sans cesse le pouvoir, les dignités, la fortune, et voudrait nous ramener, par la route des préjugés, au temps de l'obéissance passive. Le projet de loi, en accordant une prime à la richesse, en favorisant l'aristocratie des auteurs, n'est-il pas de nature à donner aux privilégiés un moyen nouveau d'exercer parmi nous une désastreuse influence? Si l'on me répond que les grands propriétaires ne sont pas tous d'anciens privilégiés, je dirai que les amis de la liberté, ennemis de toutes les oligarchies, ne veulent pas plus de celle des fortunes que de celle des priviléges. A leurs yeux l'extrême richesse étant un moyen d'oppression, et devenant plus qu'on ne pense une sorte de noblesse, il n'y a nulle part plus de soutiens pour la liberté, plus d'amis du gouvernement représentatif, que parmi la classe moyenne; car si l'autorité est funeste entre les mains des prolétaires, elle n'est guère plus avantageusement placée entre celles des riches. C'est donc dans les conditions intermédiaires qu'il faut aller chercher les défenseurs de la liberté constitutionnelle; c'est de là que vient l'amour de l'ordre, de l'indépendance. C'est de là que jaillit une lumière qui éclaire sans embraser. Il ne faut accorder de primes à personne, la charte le défend; si elle l'autorisait, ce serait aux classes moyennes qu'elles seraient dues dans l'intérêt de tous.

Nous avons prouvé que le cautionnement qu'on exige des écrivains ne peut être assimilé aux cautionnemens de certains officiers publics, parce qu'il n'y a point parité entre les uns et les autres. Nous avons démontré que le principe des cautionnemens est contraire à deux articles de la charte, et par cette seule raison inadmissible ; nous avons fait voir enfin que le principe était destructeur de l'industrie des écrivains, de la justice, de la littérature, et surtout de la liberté. Concluons-en que le principe du cautionnement doit être rejeté. Si l'on nous demande ensuite comment alors punir les journalistes, dont les délits sont plus dangereux que ceux des écrivains ordinaires, je repondrai qu'il faut d'abord laisser le délit se commettre ; sauf à le réprimer ensuite. Ainsi le veut la charte qui est notre règle commune, et qu'aucun motif, quel qu'il soit, ne doit nous faire oublier.

CHAPITRE III.

Du taux du cautionnement.

Nous avons prouvé que le principe du cautionnement est contraire à la charte ; qu'il établit des monopoles, qu'il s'oppose à l'utile multiplication des journaux, et qu'en conséquence ce principe doit être rejeté. Il semblerait qu'ici notre tâche dût se terminer. S'il ne faut point établir de cautionnement, la question de la quotité tombe d'elle-même. Cependant, comme nous n'ignorons pas qu'il n'est que trop possible de violer la charte, comme l'expérience nous apprend que souvent, quelque radical que soit un vice d'inconstitutionnalité, ce vice ne suffit pas toujours pour faire rejeter une loi : il n'est peut-être pas hors de propos de chercher les moyens d'atténuer le mal ; de raisonner, dans l'hypothèse de l'admission possible du cautionnement, sur la quotité dont il doit être, afin que son exagération n'ajoute pas à une violation de la charte, d'autres violations, tant de la propriété que des droits de l'industrie.

Règle générale, tout cautionnement imposé aux propriétaires de journaux est plus ou moins destructeur de la liberté de la presse et des droits de l'industrie. Si vous exagérez ce cautionnement, vous empirerez d'autant plus le mal, vous détruirez d'autant plus les entreprises, vous rendrez d'autant plus rare et difficile leur multiplication. Si vous portez le cautionnement à des sommes exorbitantes, vous réduirez à un très-petit nombre les écrivains périodiques, et tous les dangers que nous avons signalés dans le précédent chapitre s'accroîtront en raison de l'accroissement plus grand des sommes que l'on exigera des journalistes.

Les hommes qui ont souri à la mesure actuelle sont du nombre de ces agens de l'autorité qui, dans chaque droit, ne voient que l'abus qu'on peut en faire, sans examiner le bien qui doit résulter de son exercice. Cette habitude de ne voir partout que de l'hostilité accuse, il faut le dire, une faible confiance dans sa propre justice. Si l'on était suffisamment rassuré par ses bonnes intentions, on ne craindrait point tant de les voir inculpées;

si l'on était guidé par la conscience de ses devoirs, on ne s'imaginerait pas qu'on va être à chaque pas moqué et censuré. La tyrannie seule redoute la liberté; le patriotisme la recherche, et ne voit dans elle que ses bienfaits; pour en connaître et en qualifier les abus, il attend qu'ils aient été commis. La tyrannie, poursuivie par ses terreurs, inventa seule les lois préventives; les mesures répressives sont dues au retour de la justice.

Tels sont les motifs sur lesquels on a établi la nécessité du cautionnement. On a supposé que les hommes qui se chargeront d'écrire dans les journaux n'auront d'autre désir que de calomnier les individus et les fonctionnaires publics; on a pensé que les journalistes soupiraient après le moment où l'impunité favoriserait leurs excès. On n'a vu chez eux que des criminels qui s'exposeront journellement aux condamnations; et, en partant de cette opinion, il n'a pas fallu faire beaucoup de route pour arriver à la nécessité d'assurer d'avance l'exécution des condamnations. C'est, a-t-on dit, pour garantir le payement des amendes qu'on exige le cautionnement.

Ne serait-il pas utile, avant de passer plus avant, d'élever, pour ainsi dire, une question préjudicielle, et d'examiner s'il est à propos, s'il est juste, s'il est constitutionnel, d'autoriser les amendes en matière de délits publics de la presse?

Le principe des amendes à l'égard des particuliers est juste. Vous faites tort à la réputation d'un citoyen, vous lui causez un dommage évident, vous lui enlevez une propriété morale ; il est juste que, ne pouvant lui restituer le bien que vous lui avez pris, vous soyez condamné à lui en fournir la compensation. Cette amende se nomme dommages et intérêts. Nous ignorons, il est vrai, si cette manière de compenser l'honneur par de l'argent est morale; on pourrait trouver sans peine un grand nombre de cas où cette espèce de réparation, qui n'est jamais suffisante, blesse les bonnes mœurs; mais enfin il est vrai de dire aussi que si la perte de la réputation est inestimable, encore ne doit-on pas enlever aux hommes calomniés la faculté de recevoir les seules compensations qu'il soit humainement possible de leur accorder. Ce qu'il y a de certain, c'est que, dans ce cas, la personne qui a reçu le dommage reçoit directement la réparation, qui n'est jamais détournée de la route qu'elle doit suivre.

Mais lorsque l'autorité, sous le prétexte que la chose publique est compromise par une action ou une publication particulière, exige du coupable une somme pécuniaire, agit-elle selon les règles de la justice? En supposant qu'il y a délit, quel est l'offensé? La société. Qui reçoit la réparation? on l'ignore (1). Sont-ce les agens de police, sont-ce les juges, est-ce le ministre de la justice? Le secret dans lequel

---

(1) Une loi du 6 octobre 1791, confirmée depuis par un décret impérial, attribue aux communes une partie du produit des amendes; d'autres dispositions législatives en affectent une autre portion aux hospices. Néanmoins, il en reste toujours une portion au fisc; et, alors même que le tout devrait être consacré par des règlemens à des œuvres utiles ou d'humanité, il n'en est pas moins vrai que ces dispositions n'ont point été ratifiées par l'autorité législative, qu'en outre jamais le compte des amendes n'est rendu; d'où il suit que, l'arbitraire présidant à une exécution sans garantie, il est permis de se livrer à cet égard à toutes les suppositions.

on enveloppe l'emploi de ces dépenses doit nous permettre de tout supposer. Mais enfin établissons, par hypothèse, qu'il soit tenu compte au trésor des amendes encourues; quel est l'esprit assez peu pénétrant pour ne pas saisir de suite l'extrême différence qui existe ici entre les personnes sur lesquelles le mal s'est exercé, et la personne abstraite que l'on nomme fisc? Vous blessez, dans un écrit les bonnes mœurs; le mal qu'il est possible que vous fassiez, quoique insaisissable, peut être supposé s'exercer sur telle ou telle classe, et c'est le fisc qui reçoit la compensation de ce mal. Vous montrez peu de déférence pour une cour prévôtale, et c'est le fisc qui reçoit le montant de la peine. Si vous manquez de respect au prince ou à la religion, allez au fisc; c'est là qu'est la partie plaignante. Si du moins, quelque peu définissables que soient et la nature du mal et son étendue, et les lieux où il répand ses ravages, on faisait profiter la masse des citoyens du produit des amendes; si chaque année les impôts étaient réduits d'une somme égale, ou s'il était démontré par des comptes exacts que les pauvres en profitent, sauf encore les erreurs de calcul, l'injustice serait moins choquante ; mais point du tout ; nous n'entendons jamais parler de dégrè-vemens ; jamais il n'est entré dans la tête des ministres de venir dire à la tribune que le trésor ayant reçu tant en amendes, les chambres auraient d'autant moins de fonds à voter.

Puffendorf, dans son Traité des devoirs de l'homme et du citoyen, établit que le but des peines doit être ou le bien du coupable, ou l'avantage de celui qui avait intérêt que le crime ne fût pas commis, ou l'utilité de tous généralement (1) ; il serait difficile de montrer comment le bien du coupable peut être produit par une punition qui ne l'atteint pas seul, mais qui ruine sa famille, qui frappe ses enfans, qui lui-même le réduit à l'indigence. Il n'est pas plus facile de prouver que la peine tourne à l'avantage de ceux qui avaient intérêt que le crime ne fût pas commis, puisque celui qui y trouve son compte est simplement le fisc, qui peut éluder les règlemens relatifs aux communes et aux hôpitaux, et qui est désintéressé dans

---

(1) Liv. ii, chap. xiii, § vii.

l'exécution ou la non-exécution de toute action criminelle, à moins qu'elle n'ait pour
but de lui dérober quelque chose de sa proie
annuelle. Enfin on ne voit pas comment
l'utilité de tous se trouve consultée dans le
payement au fisc d'une somme dont il n'est
jamais tenu à rendre compte, et qui par cela
même que l'emploi n'en est pas justifié, doit
être supposée avoir servi à des dépenses illi-
cites ou du moins inutiles.

Mais, me dira-t-on, l'abus n'est pas ici
dans le paiement d'une amende au trésor, il
est dans le défaut de justification de cette
amende. Si une loi obligeait le fisc à rendre
compte des sommes à lui versées, de prouver
qu'elles ont été employées à des œuvres
utiles, ou d'opérer sur la contribution directe
ou indirecte une égale réduction, alors le
principe des amendes serait régularisé, et la
société offensée recevrait les seules compensations qu'il soit possible de lui faire obtenir;
je n'ai pas, il me semble, affaibli l'objection.
D'abord je répondrai que si la loi dont on
parle était rendue et garantie dans son exécution, nul doute que ce ne fût une grande
amélioration : mais alors même, il y aurait

encore des raisons snffisantes pour s'élever
contre le système des amendes', il devrait
être repoussé comme immoral et injuste.

Il serait immoral, puisque ce serait fonder
un revenu public sur les crimes des individus,
et que dès lors l'autorité serait intéressée à
ce que les crimes se multipliassent ; bien plus
à ce que les condamnations, justes ou non, se
renouvelassent fréquemment afin que le trésor
fût plus riche. Quelque compte que l'on ren-
dît des amendes, on ne peut se dissimuler
que ces fonds, remis par anticipation entre
les mains de l'autorité, pourraient lui fournir
de merveilleux moyens de jouer sur les fonds
publics, de se livrer à des dépenses défendues,
d'acheter les hommes et les actions viles ;
sauf ensuite, quand viendrait la loi du budget,
d'alléguer comme nous le voyons chaque
jour les circonstances et la nécessité des
temps. Ces sommes, déposées par avance au
trésor, pourraient devenir un moyen de
séduction ; et ce serait d'ailleurs une mon-
strueuse aberration de présenter la société
comme engraissée par le crime, et les impôts
comme payés par les criminels ; d'où il suivrait
encore, dans l'espèce des délits de la presse,

que la fortune publique, ou celle des hôpitaux
et des communes, s'accroîtrait dans la même
proportion que les mauvaises mœurs, l'esprit
de révolte, et qu'ainsi la guerre civile, si elle
venait à la suite d'écrits incendiaires, pourrait
être tarifée, qu'on pourrait compter par livres,
sous et deniers, ce quelle aurait dû rapporter.
Les amendes d'ailleurs étant d'autant plus
fortes que les délits seraient plus grands, on
pourrait calculer la corruption des citoyens
par la richesse de l'état.

Le système des amendes est injuste en ce
qu'il renouvelle le principe aboli des con-
fiscations. Il frappe des enfans et des familles
pour la faute d'un seul individu. Il a contre
lui toute la défaveur attachée à la confiscation. Il est injuste en ce que jamais, ou pres-
que jamais, les personnes lésées ne seront
l'objet direct de la réparation. Le mal s'exer-
cera sur l'un, et un autre en touchera la
compensation. Si, à l'égard des délits indi-
viduels, c'est déjà un malheur que le crime
soit monétisé et appréciable en espèces
sonnantes, de quelles conséquences plus
funestes ne sera-ce pas pour la société toute
entière?

« Une des principales causes des vices de la jurisprudence criminelle, dit Beccaria (1), est l'esprit de fisc qui a présidé à sa formation. Il y a eu un temps ou toutes les peines étaient pécuniaires. Les crimes des citoyens étaient le patrimoine du prince. Les attentats contre la sûreté publique étaient une partie du luxe des riches, et les souverains et les magistrats destinés à la protéger avaient intérêt à la voir insultée. La peine du crime était alors l'objet d'un procès entre le fisc qui la décernait, et le coupable qui la subissait ; une affaire civile, contentieuse, particulière plutôt que publique. Le fisc avait alors d'autres droits que ceux que lui donnait le soin de la tranquillité publique, et le coupable d'autres peines à subir que celles qu'il eût encourues d'après la seule nécessité de l'exemple. Le juge était un avocat du fisc, plutôt qu'un examinateur impartial de la vérité ; un exacteur des deniers du prince, et non le protecteur et le ministre des lois. »

« Il semble, dit Voltaire (2) que dans les

---

(1) Des délits et des peines, chap. XL.

(2) Commentaire du délit et des peines.

temps de l'anarchie féodale, les princes et les seigneurs des terres, étant très-peu riches, cherchassent à augmenter leur trésor par les condamnations de leurs sujets, et qu'on voulût leur faire un revenu du crime. Les lois chez eux étant arbitraires, et la jurisprudence romaine ignorée, les coutumes ou bizarres ou cruelles prévalurent. »

Si l'on me demande alors quels moyens de répression il reste contre les délits publics; je répondrai que dans une bonne législation criminelle, la nature des peines doit être appropriée à celle des délits, considérés soit dans leur caractère, soit dans leurs effets (1).

---

(1) « C'est le triomphe de la liberté lorsque les lois criminelles tirent chaque peine de la nature particulière de chaque crime. Tout l'arbitraire cesse; la peine ne descend point du caprice du législateur, mais de la nature de la chose, et ce n'est point l'homme qui fait violence à l'homme.

» Il y a quatre sortes de crimes. Ceux de la première espèce choquent la religion; ceux de la seconde, les mœurs; ceux de la troisième, la tranquillité; et ceux de la quatrième, la sûreté des citoyens. Les peines que l'on inflige doivent dériver de la nature de chacune de ces espèces.....

Si un citoyen se rend hostile à la société, la société, dans son intérêt, peut le priver pour un temps de la liberté dont il fait un usage coupable. De même qu'elle retranche de son sein celui qui l'a rendue veuve d'un de ses membres, elle peut enlever soit pour un temps, soit pour toujours, la liberté à celui qui trouble la paix ou menace l'existence publique. De même qu'on retire un couteau à un enfant qui peut se blesser et blesser les autres, dans certains cas très-graves, je ne vois pas ce qui pourrait empêcher un jury légalement composé, récusable suivant les lois

------

» Les crimes de la troisième classe sont ceux qui choquent la tranquillité des citoyens, (c'est ici le cas des délits de la presse); et les peines doivent être tirées de la nature de la chose, et se rapporter à cette tranquillité, comme la privation, l'exil, les corrections et autres peines qui ramènent les esprits inquiets, et les font rentrer dans l'ordre établi.

» Les peines des crimes qui attaquent la sûreté de l'état (c'est le cas des crimes de la presse) sont ce qu'on appelle les supplices. C'est une espèce de talion qui fait que la société refuse la sûreté à un citoyen qui en a privé ou qui en a voulu priver un autre, etc. »

(MONTESQUIEU, *Esprit des Lois*, liv. XII, ch. IV.)

anglaises, un jury, enfin, qui ne soit pas une commission , de priver l'individu coupable et en état de récidive , du bénéfice de l'art. 8 de la charte ; comme il prive des malfaiteurs de leurs droits politiques : je répète que cette doctrine n'est admissible que dans des cas extrêmement importans , qu'autant que le jury sera bien choisi, et jugera d'après sa conscience. Ainsi, la peine serait personnelle , tandis que l'amende, comme la confiscation, atteint l'innocent quand elle ne devrait atteindre que le coupable ; elle serait tirée de la nature même du délit, et les amis les plus exclusifs de la liberté ne pourraient s'en offenser. Elle serait d'ailleurs exempte des inconvéniens sans nombre des amendes , qui, en même temps qu'elles sont inefficaces pour les riches , frappent la famille entière du pauvre, et qui , comme toutes les mauvaises lois, sont ou sans effet, ou d'une injustice extrême.

Les partisans du système des amendes me diront encore que c'est attacher trop d'importance aux amendes et surtout à leur quotité, de les présenter comme un moyen d'enrichissement pour le trésor, de séduction pour les ministres, et comme une spoliation réelle et importante des condamnés et de leur famille. Voyez, vont-ils me dire, à quelle faible somme se sont élevées les amendes prononcées depuis cinq ans en matière de délits de la presse, et cependant quelles plaintes n'ont pas fait naître les condamnations d'un petit nombre d'auteurs ? Combien n'a-t-on pas répété que les tribunaux et les procureurs du roi avaient abusé du droit de réprimer les délits de la presse ? Les journaux n'étaient pas libres, nous le savons ; mais une foule d'écrits rivalisant avec les journaux pour la rapidité de la publication et les matières qu'on y traitait, ont donné la mesure des condamnations auxquelles s'exposeront les feuilles quotidiennes. La somme totale des condamnations s'élève peut-être de dix à douze mille francs. C'est une bien petite ressource pour les désirs criminels que vous voulez bien attribuer au fisc.

J'accepte ce reproche, et je le tourne contre les auteurs de la loi nouvelle. Quoi ! vous reconnaissez que les amendes ont été peu considérables, qu'elles ne se sont pas élevées à douze mille francs, et vous venez nous demander des millions pour garantir la publication

de la moindre partie des produits de la presse!
Si les amendes doivent être peu considérables, pourquoi nous demander des sommes
si exorbitantes pour en assurer le payement?
Vous supposez donc que désormais le désir de
se faire condamner sera plus grand que par
le passé. Cependant les circonstances sont
loin d'être les mêmes; il n'y a plus en France
de troubles et de proscriptions, on ne bannit
plus sans jugement, on ne confie plus la justice à des commissions. D'un autre côté, les
vices de la législation de la presse ne doivent
plus exister; on nous promet de ne plus admettre la doctrine des provocations indirectes;
on nous délivre de la police correctionnelle;
la législation, la compétence, la situation
des esprits, tout s'améliore; tout devient plus
favorable; cependant on suppose que les
écrivains moins irrités, mieux jugés, et d'a-
près une législation plus équitable, s'exposeront à de plus considérables amendes que
dans un temps pire, et sous l'influence de
pires circonstances. Il y a dans cette manière
de raisonner des contradictions trop cho-
quantes pour qu'elle puisse être admise.

Calculons à vue de pays à quelle somme

s'élèvent les cautionnemens que l'on demande aux écrivains périodiques. Les journaux quotidiens de Paris sont au nombre de dix ou douze ; à dix mille livres de rentes chacun, cela fait cent mille livres de rentes. Les écrits semi-périodiques sont au nombre de plus de trente, supposons-les réduits à la la moitié, cela fait, à cinq mille livres de rentes chacun, soixante-quinze mille livres de rentes. La France se compose de quatre-vingt six départemens, dont chacun possède un journal quotidien, sans compter ceux qui en possèdent plusieurs, et qui ont en outre des recueils semi-périodiques. Suivant la plus modeste évaluation, quatre-vingt-six journaux devront fournir huit cent soixante mille livres de rente, lesquelles ajoutées aux cautionnemens des feuilles de Paris feraient un million cinquante-cinq mille francs de rentes ; lesquelles enfin, en les évaluant à cinq pour cent, formeraient un capital de vingt-un millions environ de cautionnemens ; somme considérable, somme immense, à moins que le gouvernement ne compte sur une ample moisson de calomnies, de séditions, de pamphlets incendiaires.

Il suit de ce calcul et de la comparaison de ses résultats, avec la somme fort petite des condamnations prononcées depuis cinq ans par des juges, à la requête de procureurs du roi, dont les doctrines ont été désavouées de l'autorité elle-même, et à l'aide d'une législation détestable, que l'énormité des cautionnemens que l'on exige dépasse de beaucoup les amendes possibles, même en supposant aux journalistes un désir immodéré de braver la loi et de sortir des bornes prescrites par la morale. La loi nouvelle, je le sais, porte qu'à l'égard des journaux, les amendes pourront être doublées ou quadruplées en cas de récidive ; mais enfin ce quadruplement ne les élève pas à plus de quarante mille francs, et encore on doit supposer que le maximum de la peine sera rarement prononcé, puisqu'on ne s'expose pas de gaieté de cœur à payer des sommes considérables, et que le législateur doit compter pour quelque chose le frein que lui-même impose. Je sais qu'on peut dire que, dans une seule feuille, l'écrivain peut commettre dix délits différens, et de nature à emporter chacun, outre des amendes, de forts dommages et intérêts ;

mais ici, il me semble que lorsqu'on pose des hypothèses, il faut consulter l'expérience si l'on veut les faire paraître vraisemblables, sans quoi on s'expose à se perdre dans une foule de raisonnemens plus vagues les uns que les autres. C'est une grande erreur de s'imaginer que la loi n'est pas aussi bien faite dans l'intérêt des accusés que dans celui des accusateurs. La loi ne doit point supposer la complication des délits; elle ne doit pas sembler accroître la perversité humaine, car, si elle le faisait, ses applications seraient souvent injustes. On pourrait d'ailleurs répondre à ceux qui prétendent qu'il est possible que les délits se multiplient à l'infini dans la même page, qu'il est possible que le même assassin égorge dix personnes sans qu'il soit praticable de lui appliquer une peine plus forte que s'il n'en avait tué qu'une seule.

Il faut conclure de tout cela, que les sommes exigées pour le cautionnement sont exorbitamment supérieures à celles qui peuvent être nécessaires pour les amendes, quoique l'on présente ces sommes comme seulement destinées à en répondre. Il faudrait que ce cautionnement, si le principe en était admis, malgré le vice d'inconstitutionnalité, fût réduit à la somme utile pour le but que l'on se propose. Si l'on veut à toute force des mesures préventives, du moins faut-il que les précautions de nos législateurs timides n'outrepassent pas le danger possible qu'elles ont pour but de prévenir. Cette somme, fixée à quarante mille francs pour les écrits semi-périodiques, et à quatre-vingts pour les feuilles quotidiennes, serait encore considérable et plus que suffisante.

Pourquoi cependant le gouvernement demande-t-il tant, quand il est prouvé que réellement le but qu'il paraît vouloir atteindre, peut s'obtenir à de si moindres frais? Pourquoi élève-t-il si haut les sommes réclamées, que, si la loi passe, il faudra être éligible pour posséder un écrit semi-périodique, et bien plus qu'éligible pour élever une feuille quotidienne. La demande qu'il nous fait ne tiendrait-elle pas à d'autres causes, et n'aurait-il pas vu dans la mesure proposée une excellente combinaison de finances? C'est ce que nous examinerons dans le chapitre suivant.

CHAPITRE IV.

De la nature du cautionnement.

LE ministre des finances , présentant dernièrement un projet de loi relatif à l'établis-
sement dans les départemens de livres auxiliaires au grand livre , a mis à découvert le
secret de l'embarras où il se trouve.

Le but de la loi qu'il proposait, était, a-t-il
dit , de diminuer le nombre des rentes flot-
tantes sur la place de Paris, ces rentes pro-
duisant une masse capricieuse et difficile à
gouverner. Ce but était en conséquence de
favoriser l'immobilisation des rentes , afin de
maintenir une hausse sans laquelle notre crédit
pourrait être souvent et gravement compromis par des chutes semblables à celle dont
nous avons été dernièrement les témoins,
et dont une foule de commerçans sont deve-
nus les victimes. Il est donc raisonnable de
conclure que le gouvernement désire que la
plus grande quantité de rentes possible soit
immobilisée.

Quel est l'effet du cautionnement des journaux établis en rentes sur l'état?De procurer au gouvernement l'immobilisation d'un million cinquante-cinq mille livres de rentes, représentant un capital de vingt-un millions et plus. Ce résultat est de la même nature que celui qu'on espère atteindre par la loi relative aux livres auxiliaires ; la conséquence étant la même, la cause est pareille. Le but de l'imposition des cautionnemens n'est donc pas seulement d'assurer la solvabilité des propriétaires de journaux. Ce but est de faire caser des rentes ; ce but est d'obtenir un moyen de soutenir la hausse ; ce but est purement fiscal. Ainsi s'explique l'énormité des cautionnemens, puisqu'il est clair que, s'ils eussent été restreints à la somme suffisante pour le payement des amendes possibles, l'avantage financier fût devenu trop peu sensible pour mériter d'être pris en considération.

Tel est donc le résultat de nos recherches à l'égard du cautionnement. Le ministre des finances, embarrassé de placer ses rentes, a imaginé une mesure coërcitive pour les journalistes. Il a cru découvrir dans cette combinaison un double avantage. D'abord, s'est-il dit, les écrivains qu'embarrasserait extrêmement la nécessité de payer un cautionnement en espèces, applaudiront à un mode de payement plus facile, moins prochain, puisqu'ils trouveront aisément des possesseurs de rentes qui consentiront, moyennant peu de chose, à garder en portefeuille quelques mille livres de rentes dont ils toucheront les intérêts. Cependant un million de rentes disparaîtra de la masse flottante et commencera de préserver la bourse. D'un autre côté, cette mesure sera éminemment politique, puisqu'elle intéressera un grand nombre d'individus à la stabilité du gouvernement, puisqu'elle intéressera particulièrement la classe remuante et inquiète des écrivains ; cette classe, dont les publications sont souvent un moyen de trouble, sera retenue par le danger des révolutions ; ainsi sera résolu le problème de la liberté des journaux et du maintien de la tranquillité publique ; mesure adroite et sage à la fois ; ingénieuse et simple combinaison, à l'aide de laquelle tout se concilie, tout s'attache au gouvernement, tout concourt à le protéger.

Il est hors de doute que tel a été le raisonnement de l'autorité, ou plutôt du ministre des finances; et en effet, dans l'esprit d'un agent du pouvoir, il était fort naturellement placé. Mais, malheureusement, ce n'est pas tout que l'autorité atteigne son but, il faut qu'elle l'atteigne par des voies légitimes; ce n'est pas tout d'engager des citoyens à payer des impôts aux fonds publics, il faut que ces impôts soient constitutionnels et libres.

Faut il le dire? peu de mots prouveront que cette combinaison ingénieuse, que ce moyen de tout concilier ne pourrait être, s'il était approuvé, qu'un de ces actes violens commis par la force aux dépens de la justice.

D'abord, il est à propos de demander de quel droit vous imposez un cautionnement à des écrivains, pour un autre but que celui que vous avouez, savoir, de payer les amendes? Vous craignez la baisse des fonds, suite nécessaire de l'imprudence de vos devanciers, de l'exécution coupable d'emprunts successifs; et c'est à une classe de citoyens que vous ordonnez la réparation de fautes qu'ils n'ont pas faites? Si le crédit est menacé, si la fortune publique court des dangers,

pourquoi ne pas appeler tous les citoyens à
y remédier; pourquoi imposer à quelques
uns, l'étrange privilége de payer pour tous?
Quelle concession nous faites-vous en retour
de ce que vous exigez de nous? Aucune. Nous
exerçons un droit naturel, un droit reconnu
par la charte, nous n'en sommes comptables
à personne, et cependant vous mettez les
plus onéreuses conditions à son exercice.

Vous dites ensuite, que la somme que nous
aurons placée sur les fonds publics, nous
intéressera au maintien du crédit, et à la
stabilité du gouvernement. Étrange combinaison! Ainsi vous prétendez me forcer à
avoir confiance en vous; vous voulez que j'aie
confiance en vos rentes; vous voulez que j'ou-
blie vos banqueroutes passées. Il n'y a aucun
doute, que, si le malheur m'obligeait à placer
des fonds sur l'état, j'aurais une raison de
plus de désirer le maintien de l'ordre actuel;
mais ce placement de fonds ne peut être que
volontaire, car, ma propriété étant à moi,
j'ai la liberté d'en disposer à mon gré; et puisque vous convenez ostensiblement, que le
but des cautionnemens n'est autre que de garantir les amendes, tout ce qui dépasse ce but

est une atteinte portée à mes droits de propriété, à la liberté que je dois avoir d'employer mes fonds à l'usage qui me convient le mieux.

Vous me dites que je serai intéressé au maintien de la chose publique; cela est vrai; mais, si ce maintien n'est pas en mon pouvoir, pourquoi me contraindre à courir des chances? Si demain il vous plaisait de changer de système, si quelque Barthélemy nouveau menaçait nos droits les plus chers, si les hommes monarchiques obtenaient le dessus, nul doute que les fonds publics ne suivissent la marche rétrograde des esprits; que deviendrait alors mon cautionnement, ma seule fortune? J'espère que le crédit se maintiendra; mais enfin, si j'en crois certains prophètes de malheurs, la France est destinée à succomber sous l'énormité de sa dette; pourquoi exigez-vous que mon esprit soit inaccessible aux craintes que tant de citoyens témoignent? et si enfin, le sort voulait que la France ne pût tenir ses engagemens, si une guerre malheureuse, si l'intempérie des saisons, une disette, tout autre revers, lui imposait la triste nécessité de manquer à ses

créanciers, que deviendrais-je avec vos lois?
Sans doute, quand il y a liberté entre l'ache-
teur et le vendeur, entre le prêteur et l'em-
prunteur, celui-là doit courir toutes les chances de la solidité plus ou moins grande de sa
créance; mais me forcer de vous prêter, me
forcer de vous donner mon argent, c'est une
tyrannie insupportable, c'est un vol que vous
me faites.

Je suppose que je dépose demain un cautionnement qui représente 5 mille livres de
rentes; je suppose ensuite que des circonstances graves et imprévues me forcent de le
retirer dans un mois, pendant ce temps il
sera arrivé quelque conjoncture fâcheuse. Un
pair aura fait une proposition perturbatrice;
la chambre des députés aura adopté une loi
mauvaise; les étrangers auront vendu précipi-
tamment une grande quantité de rentes; quelque commis des finances, après avoir agioté
avec l'argent du trésor, aura retiré soudai-
nement ses capitaux; enfin les rentes auront
varié, et au lieu de soixante-six mille francs,
je n'en retirerai que cinquante. Voilà seize
mille francs que le gouvernement m'aura fait

perdre sans que j'aie pu rien opposer à cette injuste spoliation.

Mais alors, me dira-t-on, si vous n'avez point confiance dans les fonds publics, ne faites point de journaux. Cela serait très-bien, si la charte avait dit : les citoyens auront le droit de publier leurs opinions, pourvu qu'ils aient confiance dans les rentes; mais la charte s'est bien gardée de présenter une pareille disposition.

Elle permet d'écrire au pauvre comme au riche; à celui qui a confiance dans les rentes comme à celui qui croit à la banqueroute; à celui qui veut la stabilité de la chose publique, comme à l'insensé qui ne la voudrait pas.

Les personnes qui défendent la doctrine des cautionnemens proposeront peut-être, puisque ces cautionnemens en rentes seraient une violation manifeste du droit de propriété, d'exiger une somme en espèces sonnantes, déposable à la caisse d'amortissement qui en paiera l'intérêt au taux en usage. Ceci serait pire encore. D'abord il est constant qu'il sera plus difficile de trouver de l'argent que des rentes ; en second lieu, l'intérêt payé par le gouvernement n'est que de quatre et demi, et l'argent, valant aujourd'hui sept ou huit, ce serait tout simplement frauder les déposans de la différence de l'intérêt. Ce serait en outre augmenter d'autant le cautionnement, puisque, s'il est vrai qu'au cours actuel soixante-six mille francs font cinq mille livres de rente, à la caisse des cautionnemens, ce revenu ne pourrait être représenté par moins de cent mille francs; d'où il résulte que le cautionnement en espèces, et suivant les usages adoptés, serait beaucoup plus onéreux que le cautionnement en rentes. Le capital serait peut-être plus garanti; mais, en supposant le maintien du crédit public, les pertes deviendraient beaucoup plus grandes.

Quel remède reste-t-il? D'abord le premier et le meilleur de tous est de rejeter le troisième projet de loi comme contraire à la charte, comme mesure fiscale indûment appliquée, comme attentatoire au droit sacré de propriété; mais enfin, si l'on veut à toute force des cautionnemens; si l'on consent à être cru sur parole, si ces cautionnemens n'ont d'autre but que le payement des amendes, s'il est convenu qu'ils

seront bornés à la quotité des amendes possibles, il semble qu'une hypothèque sur une
propriété foncière devrait suffire aux précautions du gouvernement, ainsi assuré de
la solvabilité des écrivains. Mais les forcer
de placer des fonds sur les rentes, de mettre
malgré eux leur fortune à la grosse aventure,
de courir toutes les chances de la hausse ou
de la baisse, et surtout les chances de la banqueroute, ce serait une des plus criantes in-
justices, un des attentats les plus graves à la
liberté, à la propriété ; et, le jour que de
pareils principes pourraient être admis, il
faudrait signer le testament du gouvernement
constitutionnel.

CONCLUSION.

Dans les observations que nous avons faites sur le projet de loi qui tend à assujétir les journaux à déposer un cautionnement en rentes , nous n'avons point établi de distinction entre les feuilles quotidiennes et les feuilles semi-périodiques. Le principe du cautionnement est démontré vicieux ; on ne doit pas plutôt l'admettre pour les unes que pour les autres. Nulle transaction n'est possible ; la charte a parlé pour tous , tous doivent être protégés par elle. La seule différence qui pourrait et devrait exister entre les journaux et les brochures , si le principe du cautionnement était admis , consisterait dans la quotité de ce cautionnement. Il est clair que les feuilles qui paraissent le plus rarement sont le moins souvent exposées à payer des amendes , et que celles dont, en général , les profits sont moindres , doivent être grèvées de moindres impositions.

On assure que quelques-uns de nos mandataires, quoique non moins convaincus que nous de l'inconstitutionnalité du principe du cautionnement, ont l'intention de l'admettre, mais seulement pour un temps, et comme un passage de la censure à la liberté. Ce *mezzo termine* peut sans doute concilier quelques intérêts ; cependant il nous semble que depuis long-temps la charte nous apparaît trop fréquemment comme un bien éloigné dont il n'est pas sûr de nous faire jouir encore. Il est loin d'être sans inconvénient de voiler sans cesse la constitution , et de nous placer toujours dans un état d'exception qui ne peut être justifié que par les plus graves circonstances. Au reste , cet ajournement de l'entière liberté de la presse ne pourrait être praticable que pour les journaux qui , placés encore sous le joug de la censure , peuvent effrayer sur leur avenir ; elle serait injuste pour les feuilles semi-périodiques , libres depuis assez long-temps pour que l'on soit instruit de leurs effets. L'expérience en général a prouvé qu'elles n'étaient point dangereuses. Si l'on peut être divisé sur l'effet possible des feuilles quotidiennes affranchies du joug de la censure , on ne peut pas l'être sur celui des brochures qui , jusqu'à ce jour, n'ont occasioné aucun trouble ; d'où il faut conclure que la mesure temporaire du cautionnement , dans le cas où , contre notre opinion, elle serait jugée admissible à l'égard des journaux quotidiens , serait pour les autres un pas rétrograde , inutile et par-conséquent injuste.

Une dernière question nous reste à traiter avant de terminer cet écrit. C'est celle de savoir jusqu'à quel point peut être juste la distinction que les gouvernemens font entre les écrits quotidiens ou périodiques , et les autres genres de publication. Quand on voit l'autorité créer pour les écrits publiés chaque jour une législation spéciale, on se fait deux demandes. On cherche d'abord en quoi il est plus coupable pour un écrivain de calomnier les particuliers , ou de souffler la révolte dans une feuille d'impression, que dans un volume de vingt feuilles. On est jaloux de savoir s'il serait possible de prouver que le journaliste, qui fait un article , est plus mal intentionné que l'écrivain qui compose un livre , en supposant dans l'ouvrage de l'un et de l'autre un égal degré de malignité. S'il est prouvé que l'intention de l'un n'est pas pire que celle de l'autre, on s'interroge pour savoir pourquoi la peine du premier surpasse celle du second. Quand on a cherché vainement sans trouver de motif plausible, on est conduit à regarder la distinction comme erronée, et l'inégalité de la peine comme injuste.

La seconde demande qu'on se fait est celle-ci : les effets du mal produit par les journaux, abstraction faite de l'intention de l'écrivain, doivent-ils retomber sur lui ? Il serait facile de prouver le contraire, *à priori*; mais cette preuve devient bien plus aisée encore, quand on examine en quoi consiste réellement le danger. Il n'y a pas de doute qu'une calomnie insérée dans un journal est bien plus vite répandue que si elle n'avait paru que dans un écrit non périodique. Mais il est vrai aussi de dire, que si la blessure est plus tôt et plus grièvement portée, les moyens de la cicatriser sont beaucoup plus faciles. Il est impossible qu'un citoyen calomnié dans un journal n'en soit pas instruit à l'instant même, et alors, par la voie du même journal ou d'un autre dans le cas de refus, le plaignant peut obtenir une réparation aussi éclatante que fut l'attaque. Calomnié aujourd'hui, demain il peut être réhabilité ; mais dans un livre, moins connu, moins répandu, une calomnie peut causer des ravages irremédiables à l'insu de l'homme dont la réputation est noircie ; elle peut, lorsqu'il en est informé, avoir fait les progrès les plus alarmans. D'un livre à un journal, en fait de calomnie, il y a environ la même différence qu'entre une attaque publique et une dénonciation secrète ; et l'on sait laquelle est plus à craindre.

Une fois qu'il est prouvé que les erreurs ou les délits particuliers des journalistes sont moins redoutables que ceux qui résultent de volumes moins répandus, il est facile de démontrer que le rédacteur d'une feuille et l'auteur d'un livre calomnieux, ne sont ni plus ni moins punissables, et on tire déjà cette conclusion que l'effroi des gouvernemens à l'égard des journaux, est pour les délits privés sans aucun fondement raisonnable.

Mais pour les délits publics, le délit de sédition, par exemple, un journal n'est-il pas plus à redouter qu'un livre ? Ici, la question se complique ; les effets sont plus prompts , sans doute ; mais aussi , il faut l'avouer, ce n'est que sous la tyrannie que le danger devient vraiment redoutable. Quand les feuilles sont libres, quand chacun a la liberté de publier sa pensée , les lecteurs s'accoutument à ne pas donner aux journaux plus de confiance qu'ils n'en méritent ; les clameurs séditieuses d'un écrivain, contagieuses lorsqu'il existe prohibition ou censure , ne sont plus qu'un vain bruit quand la liberté règne toute entière. Le délit de sédition ne sera donc point aussi funeste qu'on se l'imagine. Il ne le deviendra qu'en proportion de l'affaiblissement de la liberté. Il ne le deviendra que lorsque les peuples , de moitié avec les écrivains , pourront se dire : Nous pensons ce que vous dites ; vos sentimens sont dans nos cœurs. Concluons-en que la liberté des journaux n'est ici qu'un frein contre la tyrannie , et qu'elle n'est point redoutable pour les gouvernemens justes. Les tyrans, pour lesquels toute résistance est sédition , sont , sans doute , intéressés à établir une distinction entre les journaux et les écrits publiés par volumes ; mais sous un gouvernement représentatif véritable, quand la liberté de la presse, qui est elle-même le remède le plus efficace contre ses propres excès, règne sans partage, cette distinction ne serait qu'une déviation des principes. Je cite l'Angleterre pour exemple de son inutilité.

Après tout, s'il était aussi prouvé qu'il l'est peu, que les délits des journalistes sont pires que ceux des auteurs de volumes, je ne crois pas encore que l'on pût infliger aux premiers une peine plus grande qu'aux seconds, attendu que l'intention est partie nécessaire des vrais délits, et qu'il me semble impossible d'admettre que le rédacteur d'un journal ait des intentions plus coupables que l'auteur d'un in-folio; quand tous les deux calomnient, ils sont également répréhensibles.

M. le garde des sceaux, dans ses motifs, s'est montré, comme ses devanciers, plein de préventions contre les journalistes; après avoir dit que ceux-ci exercent un pouvoir constitutionnel dans la société, il a ajouté: que *si la profession du journaliste* s'ennoblit *et s'élève par le caractère, la sagesse et le talent de celui qui l'exerce; il est vrai aussi, que ce genre de publication a plus communément que tout autre un but purement intéressé...... Il est juste, a dit ensuite le ministre, d'aggraver les peines pécuniaires contre celui qui spécule sur le trouble de son pays et l'affliction de ses concitoyens.*

Sans chercher à prendre ici la défense des hommes qui écrivent dans les journaux, nous demanderons à M. le garde des sceaux s'il est, aux yeux de la raison, des états dans la société qui aient besoin de s'ennoblir, et qui soient par conséquent ignobles en eux-mêmes? Nous lui demanderons s'il doit surtout ranger dans cette classe une profession qui exige dans ceux qui l'exercent des facultés intellectuelles, et des connaissances étendues? Nous le prierons encore de nous dire s'il est convenable de rabaisser un genre de composition, dans lequel s'exerce aujourd'hui ce qu'il y a de plus considérable dans la littérature, et dans les sciences politiques; un état qui, sous un gouvernement libre, est sans contredit d'une nécessité indispensable au maintien de la liberté? Voudrait-il bien nous apprendre aussi quelle tache couvre les députés du peuple, les hommes d'état, les

ministres même, qui ont commencé par ré-
diger des journaux, et qui ne sont ni moins
bons députés, ni ministres moins patriotes?

Laissons les déclamations ; c'est la ressource des esprits étroits, des hommes qui
ont fait divorce avec la raison. Nulle profession n'est en elle-même noble ou ignoble ;
toutes peuvent honorer, quand elles sont
loyalement exercées. L'abus ne déconsidère
que celui qui abuse. Ministre ou journaliste,
en fait d'honneur, le choix est nul ; j'aime
mieux être M. Perry et faire le *Morning-
Chronicle*, que d'être lord Castlreagh et
opprimer l'Angleterre.

On peint les journalistes *comme spéculant
sur le trouble et l'affliction de leurs concitoyens.* Sans doute il en est de ce genre, mais
telle n'est point la majorité. Fouché spéculait
sur la trahison, le métier de ministre en est-
il déshonoré? Les journalistes, dit-on, se
proposent un but purement intéressé ; quelques - uns sans doute. Le fameux Law et
M. C..... gouvernèrent-ils nos finances pour
rien ?

Reconnaissons donc que M. le garde des

sceaux s'est laissé entraîner par d'injustes préventions.

Nous nous sommes attachés à prouver dans cet écrit :

1°. Que le principe du cautionnement que l'on veut appliquer aux écrits quotidiens et semi-périodiques est inconstitutionnel , répugne à la raison, à la justice, et est contraire à l'intérêt de la liberté;

2°. Que lors même que, malgré le vice d'inconstitutionnalité, ce principe serait admis , le taux du cautionnement en comparaison des amendes possibles, est exagéré au-delà de toute mesure ;

3°. Préjudiciellement nous avons essayé de montrer que le principe des amendes en matière de liberté de la presse est immoral et injuste ;

4°. Que l'obligation d'établir le cautionnement en rentes est une violation du droit de propriété, une mesure fiscale introduite sous prétexte de garantir le payement des amendes ;

5°. Enfin, nous nous sommes efforcés de montrer qu'il est contraire aux principes de soumettre les feuilles quotidiennes et les brochures semi-périodiques à une législation spéciale.

L'intention qui nous à dicté ces réflexions est toute constitutionnelle. Comme nous l'avons dit, c'est notre cause que nous avons voulu défendre. Nous nous opposerons sans cesse, et de toutes nos forces, à l'admission d'une loi qui établit des monopoles et des priviléges. Si, malgré nos réclamations, elle est adoptée, nous nous soumettrons, nous paierons le cautionnement; mais nous croyons pouvoir prédire d'avance que nous ne serons pas long-temps sous le joug d'une loi que ses propres vices renverseraient peu de temps après son exécution, et qui, dans tous les cas, ne pourrait être qu'un essai malheureux et passager. C'est, il est vrai, à nos dépens que cet essai serait tenté : nouvelle preuve que ce sont toujours les citoyens qui paient quand les gouvernemens se trompent dans leurs calculs politiques.

FIN.